Peldaños

LOS

INCAS

Americanos precolombinos

¿QUIÉNES ERAN LOS INCAS?

por Andrea Alter

Misteriosos, brillantes, poderosos. Estas palabras describen a los incas. Esta civilización vivía en Sudamérica antes de que Colón llegara a América. Los incas emergieron como una cultura de montaña en el centro de Perú, aproximadamente, en el año 1100 d. C. En solo unos pocos cientos de años, su imperio se extendía 2,500 millas y regía a 12 millones de personas. Su rápido surgimiento asombra a los historiadores. ¡A ti también puede sorprenderte!

> Aquí vivían los incas.

< Estás observando las ruinas incas de Machu Picchu, que se ubican a 8,000 pies sobre el nivel del mar en la cordillera de los Andes. ¿Qué era este sitio y por qué los incas lo construyeron? ¿Qué son esos "escalones" verdes? Descúbrelo en las páginas que siguen.

LOS CONSTRUCTORES DEL IMPERIO

Observemos dónde vivían los incas: en los Andes, unas de las montañas más altas del mundo. Estas montañas se extendían a lo largo del lado oeste de Sudamérica. Picos de más de 20,000 pies dominan profundas gargantas, o cañones empinados. Este no era el lugar más fácil para construir un imperio grande.

Sin embargo, los terrenos montañosos no desalentaron a los incas. En un breve período de tiempo, una serie de gobernantes incas vencieron a los grupos vecinos para construir el imperio. En su esplendor, el Imperio Inca incluía partes de la actual Colombia, Ecuador, Perú, Bolivia, Chile y Argentina.

¿Cómo administraban los incas un imperio tan grande? En primer lugar, la sociedad inca estaba altamente organizada, y los emperadores incas eran la clase dominante. Se consideraba que los emperadores eran **descendientes**, o parientes, del dios del Sol inca. Las familias pertenecían a grupos de parentesco más grandes que compartían la tierra y trabajaban juntos. Todos trabajaban para el imperio, ya fuera construyendo caminos, cultivando, practicando la alfarería o extrayendo oro y plata.

Para conectar las aldeas y las ciudades distantes, los incas construyeron caminos de piedra, senderos y puentes colgantes, o de cuerdas, que colgaban sobre ríos y gargantas infranqueables. La rápida comunicación también fortaleció al imperio. Los corredores transmitían mensajes, y a veces cubrían 140 millas en un día.

Los incas construyeron un imperio poderoso en solo unos cuantos cientos de años, pero, ¿duraría?

Como puedes ver, los incas construyeron su imperio rápidamente. En menos de 150 años, el Imperio Inca se extendía casi la longitud del continente sudamericano.

CONSTRUIR UN IMPERIO

1 1400

Los incas vivían en el valle de Urubamba. Los incas comenzaron su expansión alrededor del siglo XV.

2 1470

Hacia el año 1470, los incas habían llegado a la costa y extendido su poder hacia el Norte, en el actual Ecuador.

3 1500

Hacia el año 1500, los incas se habían expandido al Sur hasta el actual Chile. Unieron su vasto imperio mediante más de 14,000 millas de caminos.

4 1532

Los incas llegaron a la ladera este de los Andes en la década de 1530. Hacia el año 1532 el Imperio Inca tenía más de 300,000 millas cuadradas y 12 millones de habitantes.

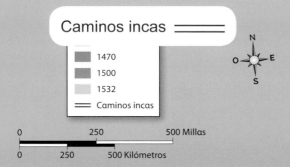

Caminos incas

1470
1500
1532
Caminos incas

0   250   500 Millas
0   250   500 Kilómetros

LA CONQUISTA ESPAÑOLA

El Imperio Inca surgió y cayó rápidamente en un período de 132 años. Las luchas internas y las enfermedades debilitaron al imperio. Luego, a fines de la década de 1520, la llegada de los **conquistadores** españoles significó un desastre para los incas.

Los conquistadores buscaban tesoros de oro y plata para el rey de España. El rey nombró al conquistador Francisco Pizarro como gobernador del Perú y le concedió a Pizarro el permiso para conquistar a los incas. En el año 1532, Pizarro y un pequeño grupo de soldados vencieron a los incas y capturaron a su emperador, Atahualpa.

⌄ Cuando Pizarro y sus soldados se encontraron con Atahualpa, lo capturaron y lo retuvieron para pedir un rescate. Aquí, Pizarro se enfrenta a Atahualpa, que usa un pendiente que representa al dios del Sol inca.

La capital inca, Cuzco, cayó poco después. Los españoles establecieron una nueva capital en Lima en el año 1535. El Imperio Inca había llegado a su fin.

¿Qué les sucedió a los incas después de la conquista española? La vida y la cultura inca cambiaron drásticamente. Los incas tuvieron que aprender el idioma español. Algunos incas huyeron a las montañas altas o a las selvas de la cuenca del Amazonas. Otros se quedaron y se convirtieron en jornaleros bajo el yugo español.

La vida inca cambió, pero su influencia permaneció. Dejaron bellos artefactos y estructuras. Las generaciones posteriores se quedaron asombradas por las destrezas y la inteligencia de los incas.

LA INFLUENCIA DE LOS INCAS EN LA ACTUALIDAD

Desde el siglo XVI, la cultura inca se ha transmitido entre los quechuas. Los quechuas son los descendientes de los incas, y son un pueblo **indígena**, o nativo, de Sudamérica. La mayoría de los quechuas viven en las montañas de Perú, pero algunos viven en Bolivia y Ecuador. Mantienen su cultura a través de su lengua, su religión, sus cultivos y su arte.

La lengua que hablan los quechuas también se llama *quechua*. Los educadores en Perú quieren incrementar la enseñanza de la lengua quechua en las escuelas para asegurarse de que la lengua quechua no desaparezca.

Las técnicas de cultivo no han cambiado mucho en esta región desde la época de los incas. Los quechuas siguen cultivando papas y otras verduras en **terrazas**, o campos elevados cortados en las laderas de las montañas. Estas terrazas crean campos planos para sembrar cultivos, y recogen el agua de lluvia que de lo contrario se escurriría de las pendientes de las montañas.

Tal como hacían los incas, los quechuas crían ovejas, llamas y alpacas por su lana. Hilan y tiñen la lana para hacer vibrantes estambres. Los diestros artesanos quechuas luego tejen mantas, chales, bufandas, bolsos y ponchos con los estambres. Sus tejidos suelen presentar animales y plantas en diseños tradicionales que conectan a los quechuas con la cultura inca del pasado.

⌃ Esta tejedora quechua usa una herramienta hecha con hueso de llama, llamada **wichuna**, para elegir y ensartar hilos en un patrón tejido de manera compacta.

^ El uniforme de este estudiante quechua refleja la vestimenta tradicional de su cultura. Los estudiantes quechuas en Perú aprenden quechua y español.

Compruébalo ¿Dónde y cuándo vivieron los incas, y quiénes son sus descendientes en la actualidad?

LA TIERRA de las LLAMA

por Sheri Reda

Para la mayoría de las personas, las llamas son animales de aspecto curioso, de ojos con grandes párpados y sonrisas tontas. Pero las llamas eran muy importantes para el Imperio Inca. Los incas criaban enormes rebaños de llamas. Tejían imágenes de llamas en tela y enterraban a sus difuntos con estatuillas doradas de llamas. Los incas dependían de estas fuertes criaturas lanudas en muchos sentidos.

Los incas no tenían vehículos con ruedas, pero no los necesitaban, pues tenían llamas que los transportaban junto con sus bienes por su imperio montañoso. Por ejemplo, los constructores incas usaban llamas para llevar piedras pesadas y otros materiales de construcción a través de terrenos accidentados.

Los granjeros incas usaban las llamas para llevar agua a sus campos. Usaban el estiércol, o excremento, de las llamas como fertilizante para los cultivos y como combustible para las fogatas. Con la lana de las llamas se tejían mantas y capas. Cuando una llama moría, se usaba su grasa para hacer velas, su pellejo se usaba para hacer cuero y con su carne se alimentaba a los incas trabajadores. Las llamas quizá sean uno de los animales más útiles que hay.

< Las llamas pueden vivir y trabajar en regiones de alta montaña.

Cosas increíbles sobre las llamas

¿Puedes adivinar cuál animal es un pariente cercano de las llamas? ¡Los camellos! Las llamas no tienen joroba, pero son uno de los cuatro parientes de los camellos que viven en Sudamérica (los otros son las alpacas, las vicuñas y los guanacos). Las llamas están perfectamente adaptadas para vivir en las alturas de la cordillera de los Andes. Aprendamos más directamente de la boca de la llama.

¡Hola, aficionado a las llamas! Apuesto a que adivino qué quieres preguntarme. ¿Si escupo? ¡Las llamas tenemos mala fama, pero no escupimos a menos que estemos enojadas o amenazadas. Y no solemos enojarnos con los seres humanos. Pero cuando estamos enojadas... tengan cuidado.

Algunas de nosotras usamos etiquetas en las orejas como identificación. Echa un vistazo a nuestras bellas orejas con forma de banana. La forma de las orejas es una manera de diferenciarnos de las alpacas. Ellas tienen orejas rectas. ¡Qué aburridas!

Mi fino y velloso pelaje corto me mantiene suave y abrigada. La lana de mi pelaje corto es tan suave y bella que las personas la usan para hacer mantas y ropa.

¿Solo tienes un estómago? ¡Yo tengo tres! Mis tres estómagos me ayudan a digerir la hierba y los arbustos, así puedo caminar largas distancias sin detenerme a comer o beber. Puedo pasar días sin beber agua, aunque no tanto como mis primos de Asia, los camellos.

Mis patas están hechas para trepar montañas. Mis dos grandes dedos me ayudan a mantener el equilibrio en el suelo empinado e irregular. Las bases de mis patas son resistentes y parecidas al cuero para proteger mis patas de los senderos rocosos. Además, mis pezuñas están perfectamente formadas para escalar las laderas rocosas de los Andes.

Tengo un áspero pelaje largo sobre mi pelaje corto, que me protege de la humedad y la tierra. Solo es un pelaje largo viejo, pero a las personas les encanta. No me importa si la gente se lleva un poco de vez en cuando. Siempre me crece más.

Soy adorable, pero también sobrecargada. Mi sangre tiene más tipos de glóbulos rojos que la mayoría de los demás mamíferos, y estos glóbulos ayudan a llevar oxígeno a través de mi cuerpo. Eso me da energía, incluso en la altura de las montañas, donde el aire no tiene mucho oxígeno.

Lanudas y abrigadas

Cuando se trata de lana, las llamas son un negocio de dos por uno. Su suave pelaje corto las protege contra el frío o el calor extremo. Su pelaje largo repele la humedad y la tierra, lo que mantiene a las llamas (y las personas que usan la lana de llama) cómodas y secas. La lana de las llamas tiene varios colores naturales, incluido el negro, el marrón oscuro, el marrón rojizo, el blanco y el gris. Y no se encoje con los lavados.

Para sacarle la lana a una llama, los granjeros primero usan cepillos de alambre o sopladores para quitar el polvo y la tierra de la llama. Luego **esquilan**, o afeitan, la lana, dejando un poco para mantener a la llama abrigada. La mayoría de los granjeros de la actualidad esquilan a sus llamas con esquiladoras eléctricas, pero los granjeros más tradicionales usan un cuchillo afilado. Eso puede sonar aterrador, pero este corte de pelo no lastima a la llama en absoluto, y el esquilador termina con cinco a veinte libras de lana.

Una mujer peruana hila estambre con lana de llama.

14

Se requieren unos cuantos pasos más para convertir la lana de llama en un bello **tejido**. Un tejido es un trozo de tela hilada. La lana de llama puede teñirse de muchos colores, incluido un color rojo brillante hecho con cochinillas hembra. La mayoría de las tintas se hacen con materiales naturales, como diferentes tipos de plantas.

Los artesanos hilan estambre con la lana. Luego tejen ropa con el estambre, trenzan cuerdas con el estambre o lo tejen para hacer tela o tapetes. Los artistas lo usan para crear bellos tapices, apreciados en todo el mundo. Solo la llama puede ofrecer utilidad, belleza y comodidad al mismo tiempo.

Un comerciante vende estambre de llama colorido en su mercado en Perú.

Compruébalo ¿Cómo se han adaptado las llamas a la vida en la cordillera de los Andes?

Un paseo por Machu Picchu

por Mary Peake

¡Ponte tus botas de caminata! Es hora de visitar uno de los sitios históricos más fascinantes del mundo: Machu Picchu.

Machu Picchu, que significa "antiguo pico", era una pequeña ciudad inca construida en el siglo XV. Situada en las alturas de la cordillera de los Andes, Machu Picchu domina el valle del río Urubamba, también conocido como Valle Sagrado. Machu Picchu se construyó en las montañas, oculta, a 70 millas de la capital del Imperio Inca. Su ubicación **remota** ayudó a preservarla. Durante cientos de años, el mundo no supo que existía.

Para llegar a Machu Picchu, puedes tomar un tren en Cuzco, Perú. O puedes caminar por el sendero de 28 millas desde el río Urubamba hasta el sitio histórico. A algunos les toma cuatro días completar la caminata, mientras que otros comienzan a mitad de camino y hacen un recorrido de dos días.

Tienes que estar en muy buen estado físico para caminar por este sendero. En algunos puntos a lo largo del camino, estarás a 12,000 pies sobre el nivel del mar. Cuando cruzas el Paso de la Mujer Muerta, ¡estarás a unos 13,800 pies!

Si planeas visitar Machu Picchu, ten en cuenta el estado del tiempo. La estación lluviosa es entre octubre y abril. La estación seca, entre mayo y septiembre, es la más popular entre los turistas.

> Machu Picchu está a casi 8,000 pies sobre el nivel del mar. La montaña del fondo es Wayna Picchu, que significa "pico joven".

∧ Las piedras colocadas por los incas guían a los excursionistas a lo largo del Camino Inca. Es uno de los senderos más populares de Sudamérica.

Una llama observa la Plaza Central en Machu Picchu.

Misteriosa ciudad de montaña

Exploremos la historia de Machu Picchu. La ciudad inca se construyó, aproximadamente, en el año 1450. Los incas no dejaron registros escritos, por lo tanto, los historiadores y los arqueólogos (que estudian a las culturas antiguas observando qué dejaron las personas) surgieron con teorías de por qué se construyó Machu Picchu. Una teoría era que tenía una función religiosa; otra decía que era un escondite para los gobernantes incas después de que llegaron los españoles.

En la actualidad, los arqueólogos creen que Machu Picchu se construyó como refugio. Era un lugar donde podían "escapar" de las exigencias de su gobierno. Machu Picchu quedó abandonado a comienzos del siglo XVI, antes de la conquista española. Los españoles destruyeron muchos sitios importantes después de conquistar a los incas, pero Machu Picchu permaneció intacto. ¿Por qué? Los españoles nunca la encontraron.

Machu Picchu permaneció intacta por varios cientos de años. Luego, en el año 1911, un guía peruano condujo a un hombre llamado Hiram Bingham a unos muros cubiertos por la jungla. Retiró algunas de las frondosas plantas que ocultaban los edificios y reveló el verdadero genio de la ciudad. Bingham tomó miles de fotografías y cartografió el sitio.

Cientos de arqueólogos han estudiado Machu Picchu después de Bingham. Junto con Bingham, desentrañaron las técnicas avanzadas que usaron los incas para construir los muros y el sistema de abastecimiento de agua. Machu Picchu es verdaderamente uno de los lugares más interesantes del mundo.

Puntos destacados

Machu Picchu tiene dos secciones principales: la sección agrícola, donde los incas cultivaban, y la sección urbana, donde vivían. La sección agrícola incluye las terrazas donde los incas cultivaban alimentos. También contiene un cementerio y una caseta de vigilancia.

En la sección urbana, la residencia del emperador está cerca de la primera de una serie de fuentes. Esto significaba que el inca de más alto rango tendría acceso al agua más pura que fluía a través de la ciudad. La Plaza Central corre por el medio de Machu Picchu. Se ubica sobre la sección donde vivían los trabajadores y debajo de templos y sitios donde se realizaban **rituales**, o ceremonias religiosas. El Templo del Sol y la Tumba Real también se ubican en la sección urbana.

En todo Machu Picchu, los incas tallaban las piedras sin usar herramientas complejas. Tampoco usaban argamasa, un material como el cemento, para mantener las piedras unidas. En cambio, esculpían cada ladrillo grande para que encajara ajustadamente con los demás. Por último, sus edificios tenían techos hechos con hierbas y materiales vegetales para repeler el sol y la lluvia.

∧ Las terrazas de granito en Machu Picchu se construyeron desde la base de la montaña hacia arriba. Las terrazas como estas en la sección agrícola daban a los incas espacios llanos para cultivar alimentos.

∧ La Montaña Sagrada replica la montaña que está detrás. Muestra el respeto de los incas por la naturaleza.

∧ Estas piedras encajan entre sí ajustadamente. Ni siquiera puede deslizarse una hoja de papel a través de las grietas que hay entre ellas.

< Los incas construyeron el Templo del Cóndor en una formación rocosa natural que parecía un cóndor en vuelo. Una roca en el piso del templo representa la cabeza del cóndor.

Estanques de sal y terrazas circulares

Machu Picchu es fascinante, pero el valle de Urubamba está lleno de muchos otros sitios incas interesantes.

Los incas recolectaban sal en Las Salinas. Estos estanques de sal siguen en uso en la actualidad. Los incas construyeron terrazas para reunir agua de un arroyo **salino**, o salado. El agua del arroyo salino sobre las terrazas desemboca en más de 1,000 estanques pequeños. En la estación seca, el agua se evapora y los obreros recogen la sal que queda.

Ollantaytambo es una aldea de montaña que se eleva sobre el río Urubamba. Las personas han vivido allí desde el siglo XIII. Ollantaytambo servía como **fortaleza** inca, o fuerte militar, donde los incas combatieron a los españoles exitosamente durante la conquista.

Las terrazas circulares en Moray se construyeron en tres enormes pozos. Las temperaturas variaban significativamente desde el fondo hasta la parte superior. Esto permitía que los incas experimentaran con los cultivos que mejor crecían en determinadas temperaturas.

∧ Los incas usaban estas terrazas circulares para realizar experimentos agrícolas.

< Encuentra a las personas en la foto para tener una idea del tamaño que tienen estos estanques de sal.

Mi aventura inca

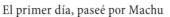

"¡Es un sitio imponente!" dice Brian Nehlsen. En el año 2009, visitó el valle de Urubamba y paseó por sitios incas. Este es su relato del viaje.

El primer día, paseé por Machu Picchu. Llegué en autobús a las 5:30 de la mañana y tomé unas fotos espectaculares. Al día siguiente fui a Ollantaytambo. Me impresionó el sistema de distribución del agua que hay allí. Un arroyo de montaña desemboca en canales especialmente construidos, y todavía lo hace en la actualidad. El tercer día, visité Las Salinas y Moray. En Las Salinas, me maravillé con cómo los incas recolectaban tanta sal de un arroyo tan pequeño. Compré unos dulces de sal en el lugar. En Moray, a poca distancia de Las Salinas, caminé hasta el fondo de las terrazas. Me pregunté: "¿Cómo construyeron los incas estos círculos casi perfectos?". Me divertí mucho en el valle de Urubamba. Si tuviera la oportunidad, ¡volvería sin dudarlo!

Compruébalo   ¿Qué características de los sitios incas demuestran las destrezas de los incas?

Arqueología
DE ALTURA

por
Andrea Alter

La **arqueología** de altura nos ha enseñado mucho sobre los incas. La arqueología es el estudio de cómo vivían las personas en el pasado. Los arqueólogos de altura aprenden sobre cómo vivían las personas a gran altura hace mucho tiempo mediante el estudio de los artefactos que dejaron.

Un desafío para los arqueólogos de altura es ponerse a trabajar. Tienen que ser buenos excursionistas (incluso escaladores) para llegar a los sitios que estudian. Algunos sitios están de 10,000 a 20,000 pies sobre el nivel del mar, donde hay menos oxígeno. La falta de oxígeno puede hacer que las personas se sientan cansadas y con náuseas. Entonces, los arqueólogos de altura deben adaptarse a estas condiciones y desarrollar la fuerza de los deportistas.

La arqueología de altura también incluye el riesgo de avalanchas, derrumbes de rocas, tormentas de nieve y caídas. Los vientos pueden ser feroces a 10,000 pies sobre el nivel del mar, y las temperaturas pueden bajar repentinamente. Para permanecer a salvo y abrigados, los arqueólogos de altura deben usar el equipo de montañismo correcto.

Los arqueólogos de altura estudian diferentes culturas en todo el mundo. En las Montañas Rocosas de los Estados Unidos, el arqueólogo Chris Morgan investiga asentamientos prehistóricos. Los arqueólogos Johan Reinhard y Constanza Ceruti trabajan en las montañas de Perú y en Argentina, respectivamente. Ambos arqueólogos de altura trabajan con National Geographic. Estudian a los incas en Sudamérica.

∨ Los arqueólogos de altura trabajan en cordilleras de todo el mundo. La cordillera Wind River es una cordillera en Wyoming. Se extiende a lo largo de la divisoria continental en el oeste de los Estados Unidos.

∧ El equipo de Chris Morgan filtra material excavado a través de un tamiz en una aldea prehistórica en Wyoming.

Johan Reinhard hace un descubrimiento

Johan Reinhard no teme conquistar una montaña. Ha hecho más de 200 travesías a altas **cumbres**, o cimas de montañas.

Reinhard es un arqueólogo de altura y Explorador de National Geographic. De niño, a Reinhard le gustaban las historias de detectives y el montañismo. Ahora estudia los rituales sagrados de los pueblos de montaña. Comenzó estudiando culturas en Nepal. Desde entonces ha pasado tres décadas aprendiendo sobre los pueblos de montaña en los Andes.

En el año 1995, Reinhard y su compañero de montañismo, Miguel Zárate, caminaban en Nevado Ampato, una montaña de 20,700 pies de altura en Perú. Los dos observaron algo poco común debajo de ellos. Descendieron caminando hasta allí e hicieron un hallazgo extraordinario: ¡una momia inca congelada!

> Johan Reinhard ha descubierto más de 50 sitios de rituales incas. Aquí, Reinhard y su equipo caminan por un acantilado congelado en Nevado Ampato.

JOHAN REINHARD leyó sobre los exploradores cuando era niño y decidió vivir una vida de aventura. Aunque es un arqueólogo de altura famoso, su primer trabajo arqueológico fue bajo el agua. Estudió naufragios romanos en el mar Mediterráneo. En los Andes, Rainhard ha buceado para explorar el lago Titicaca, un lago de las alturas.

Solo se han encontrado unas cuantas momias congeladas en las altas cumbres de los Andes, y esta estaba muy bien conservada. Esta mujer momificada estuvo congelada por cientos de años. Los expertos médicos usaron rayos X y análisis químicos para determinar su edad y salud antes de morir.

Reinhard encontró estatuillas de oro, bolsos de tela y cerámica usada para rituales funerarios cerca de la momia. Estos artefactos confirmaron que Nevado Ampato era un sitio sagrado para los incas. El descubrimiento de Reinhard nos ayudó a aprender más sobre los rituales incas y lo animó a continuar investigando en las alturas de los Andes.

Las temperaturas bajo cero conservaron a la momia que descubrieron Johan Reinhard y Miguel Zárate.

Constanza Ceruti cumple su sueño

Algunos saben exactamente qué quieren ser cuando sean grandes. A los 14 años de edad, Constanza Ceruti, una Exploradora de National Geographic, sabía que quería ser arqueóloga de altura. Ceruti se crió en Argentina y ahora se especializa en sitios sagrados de montaña de los incas. Pasa períodos de semanas soportando congelación, ventiscas, relámpagos y largas caminatas de ascenso y descenso desde el campamento base. Sin embargo, le encanta lo que hace para ganarse la vida.

Las momias que descubrió Ceruti están en un museo en Salta, Argentina. Se exhiben en cajas refrigeradas con poco oxígeno.

En el año 1999, Ceruti trabajaba en Argentina en la cumbre del monte Llullaillaco con Johan Reinhard y su equipo. A 22,000 pies sobre el nivel del mar, es el sitio arqueológico más alto del mundo. Las condiciones en la cumbre eran inclementes. Hacía mucho frío y los vientos azotaban con gran fuerza. El equipo excavaba ruinas incas, con la esperanza de encontrar evidencias de los rituales de montaña de los incas, cuando descubrieron tres momias.

Cuando abandonaron la cumbre, el equipo tuvo que asegurarse de que las momias permanecieran congeladas. Si se descongelaban, los científicos no podrían estudiarlas. El equipo descendió la montaña empinada con las momias rápidamente y con cuidado. Una vez en la base, colocaron las momias en hielo seco y las llevaron a un laboratorio. Después de que Ceruti y Reinhard las estudiaron, las momias se pusieron en exhibición en un museo en Argentina.

CONSTANZA CERUTI nació en Argentina. Como arqueóloga de altura, ha escalado más de 100 montañas mayores a 16,500 pies de altura en todo el mundo. Le encanta trabajar en la cordillera de los Andes. Allí combina su amor por el montañismo con su entusiasmo por aprender más sobre los incas.

^ Constanza Ceruti es una de las pocas mujeres del mundo que son arqueólogas de altura.

Compruébalo ¿Cuáles son algunos de los principales desafíos a los que se enfrentan los arqueólogos de altura?

Artefactos incas

por Lily Tucker

Cuando los arqueólogos de altura regresan de una excavación, suelen traer **artefactos**, u objetos hechos por los seres humanos. Por suerte para nosotros, algunos de estos artefactos se exhiben en museos. Los artefactos nos ayudan a aprender qué valoraban los incas y cómo vivían.

Los incas atesoraban el oro y la plata que extraían en los Andes. Los conquistadores españoles oyeron relatos sobre estas riquezas. Durante y después de la conquista, los españoles **saquearon**, o robaron, estos tesoros de los incas y los fundieron. Afortunadamente, algunos artefactos sobrevivieron.

> Llama de oro, siglo XV

< Estatuilla de mujer de oro, siglo XV

Muchas llamas de oro y plata y estatuillas se han encontrado en los sitios funerarios de los incas. Las estatuillas están envueltas en tejidos diminutos, amarrados con un prendedor de oro o plata. Tanto el uso ceremonial de metales preciosos y la riqueza que brindaron a los incas y sus conquistadores muestran la importancia del oro y la plata en el Imperio Inca.

Algunos artefactos incas, como las vasijas, o recipientes, nos hablan de rituales antiguos. Un *aryballos* es una vasija que contenía chicha, una bebida hecha de maíz. Durante las ceremonias religiosas, los incas llenaban un aryballos con chicha. Vertían la chicha en el suelo para pedir a los dioses una buena temporada de cultivo.

< **Aryballos, siglo XV**

> **Quipu, siglo XV**

Los incas usaban un sistema de cuerdas de conteo anudadas llamado *quipus* para registrar información. Quipu significa "nudo" en quechua. La ubicación y el color de los nudos en los quipus ayudaba a los incas a contar los cultivos, el ganado y las armas. Los quipus también llevaban un registro de las fechas y los sucesos. Trabajadores incas capacitados creaban y leían los quipus.

Compruébalo ¿Qué podemos aprender sobre los incas a partir de los artefactos que dejaron?

Comenta

1. ¿Qué crees que conecta los cinco artículos que leíste en este libro? ¿Qué te hace pensar eso?

2. ¿Cómo construyeron los incas un imperio tan poderoso y asombroso? ¿Qué hizo que el imperio llegara a su fin?

3. Describe en qué sentido eran importantes las llamas para los incas y cómo todavía los quechuas las valoran.

4. ¿Cómo han contribuido los arqueólogos de altura a nuestros conocimientos sobre los incas?

5. ¿Qué te sigues preguntando sobre los incas? ¿Sobre qué te gustaría aprender más?